QUELQUES PAROLES

PRONONCÉES SUR LE CERCUEIL

DE

M. GESLIN DE BOURGOGNE

PAR

MGR DAVID

ÉVÊQUE DE SAINT-BRIEUC ET TRÉGUIER

Beati mortui qui in Domino moriuntur !

LYON

IMPRIMERIE PITRAT AINÉ

4, RUE GENTIL, 4

1877

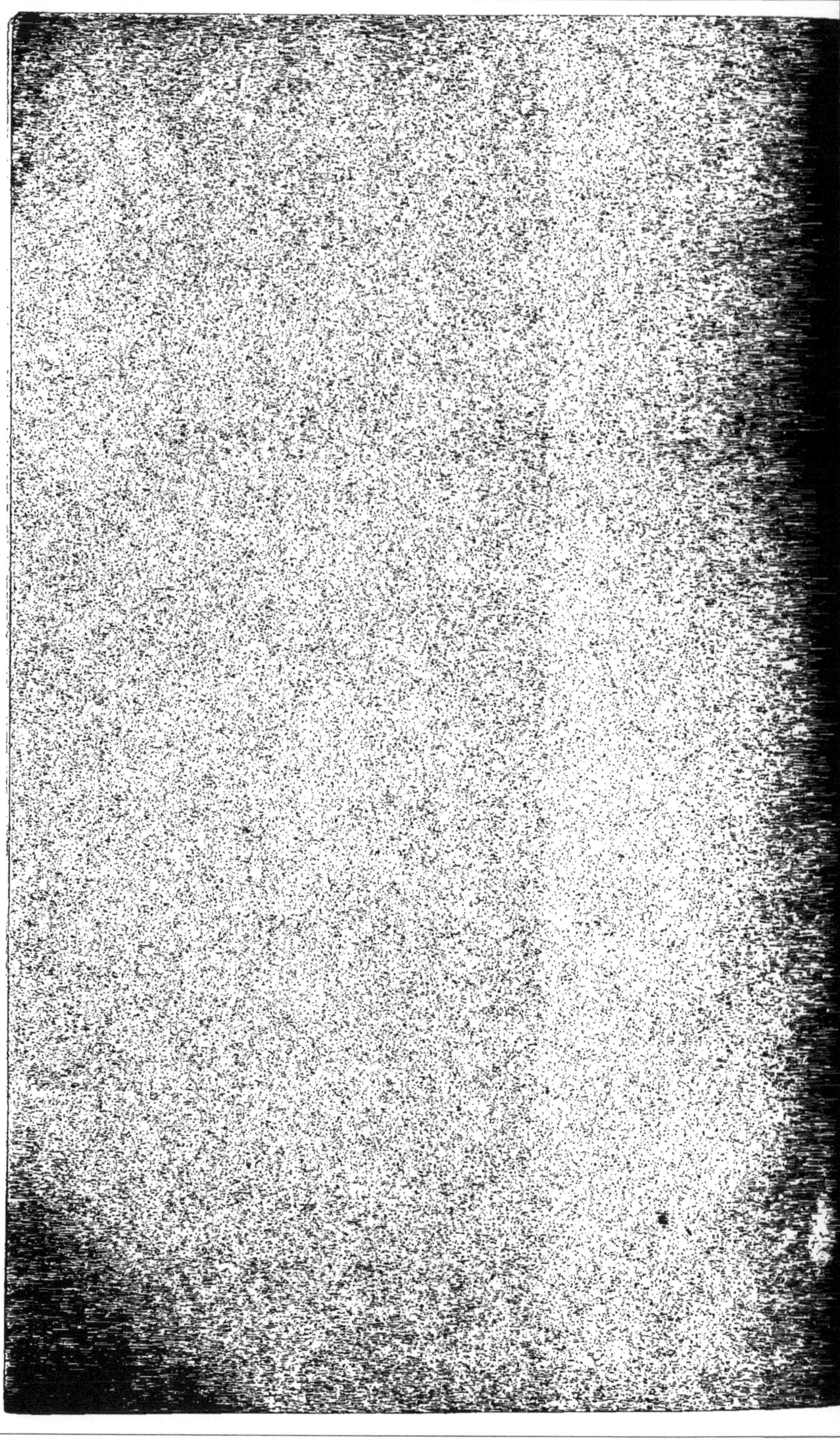

QUELQUES PAROLES

PRONONCÉES SUR LE CERCUEIL

DE

M. GESLIN DE BOURGOGNE

PAR

MGR DAVID

ÉVÊQUE DE SAINT-BRIEUC ET TRÉGUIER

Le 15 Octobre 1877

LYON

IMPRIMERIE PITRAT AINÉ

4, RUE GENTIL, 4

1877

Beati mortui qui in Domino moriuntur !

Bienheureux les morts qui meurent dans le Seigneur !

NOS TRÈS-CHERS FRÈRES,

Celui qui repose dans ce cercueil et dont la perte laisse un vide dont on s'apercevra chaque jour davantage ; — celui que pleure cette assemblée nombreuse et recueillie, pendant que le pasteur de cette église qu'il a tant aimée appelle sur son âme le repos éternel, *requiem æternam dona ei, Domine ;* — celui qui avait l'estime, le respect de tous et l'affection profonde de son évêque, celui-là aurait droit à une oraison funèbre qui racontât les mérites de sa vie, et ce ne sont que quelques paroles que je veux vous adresser.

Si elles traduisaient bien vos sentiments et les miens, elles seraient éloquentes.

M. Geslin de Bourgogne, d'une de nos plus antiques familles de Bretagne, avait dans le caractère la noblesse de son sang. S'il eût vécu en d'autres temps, il eût appartenu à la race héroïque des chevaliers *sans peur et sans reproche*. Les temps ont changé ; la partie périssable de nos institutions s'est modifiée au souffle de la civilisation évangélique ; les révolutions y ont ajouté des ruines irréparables. Personne plus que lui ne le savait ; personne plus que lui ne comprenait son siècle, et si le présent n'eût attristé et inquiété son regard, du passé il eût regretté peu de chose.

Et pourtant, si je voulais avec un mot résumer son caractère, sa physionomie, sa vie, je dirais encore de lui : c'était un chevalier ! Son âme avait la foi, la loyauté, le courage, l'ardeur, la fidélité chevaleresques. Il portait ineffaçablement gravé dans tout son être la religion de l'honneur, et je ne crois pas que dans toute sa carrière, qui a touché à tant de côtés de la vie réelle, on puisse lui reprocher un acte d'égoïsme ou de vil intérêt, une petite idée, un calcul honteux, un sentiment qui ne fût plein d'élévation et de désintéressement.

De là son admirable patriotisme. Il aimait la France, comme il aimait Dieu, comme il aimait sa famille. Que dis-je? Il était prêt à immoler son cœur, tout ce qui palpitait le plus ardemment au fond de ses entrailles, au salut de son pays.

On le vit bien, au jour de nos désastres, quand l'appel de la patrie vaincue, sanglante, retentit à ses oreilles. Il fut des premiers à se lever et à dire : Me voici ! Il était déjà aux années avancées de la maturité ; sa santé avait reçu plus d'une atteinte ; il laissait derrière lui sa femme et ses filles dans ces moments d'angoisse où l'on a tant besoin d'être réunis. N'importe ! il partit, commandant des mobiles de Saint-Brieuc. Où allait-on ? Qui pouvait le prévoir ? Si quelqu'un lui eût dit : *C'est à la mort!* il eût répondu : *Je le sais !* et n'eût pas reculé d'un pas. — Dieu le protégea, ainsi que son bataillon. Mais s'il n'a pas eu la réalité du sacrifice de sa vie, qui contesterait que, devant Dieu et devant le pays, il en ait eu tout le mérite ?

Et pendant qu'il était enfermé dans Paris, ses trois fils combattaient et répandaient glorieusement leur sang. Deux d'entre eux, tombés sur le champ de bataille d'Orléans, furent pris par les Prussiens et portés à l'ambulance. Mais leurs blessures n'étaient pas encore cicatrisées qu'ils s'échappaient, et, au lieu de revenir au foyer prendre un peu de repos si chèrement acquis, ils retournaient se battre à l'armée de la Loire, où l'un d'eux conquérait, à vingt-quatre ans, le grade de capitaine. Je dis cela, parce que, selon la belle parole de la Sainte Écriture, *la gloire des fils appartient aux pères, gloria filiorum patres.*

Un maréchal de France de notre temps avait pris pour devise ces deux mots : *Ense et aratro, Avec l'épée et la charrue.* Pour M. Geslin de Bourgogne, il faudrait dire : *Ense et stylo, avec l'épée et la plume.*

Avec l'épée, car il fut soldat toute sa vie. Il avait un brillant avenir militaire. Tout en lui semblait l'appeler aux premiers grades de l'armée : son nom, son instruction, son amour presque scrupuleux de la discipline. Il brisa un jour cet avenir

pour contracter un mariage où il rencontrait un
cœur digne du sien. Mais il resta soldat, la plume
à la main. Il entra dans l'étude comme dans une
arène, le front haut et découvert, désintéressé de
tout ce qui n'était pas le vrai, ce vrai plût-il ou
ne plût-il pas, même à ses amis. Toutes les fois
qu'en étudiant notre histoire il trouvait en face de
lui le mal, fruit de la méchanceté, ou la trahison,
fruit de la bassesse humaine, son style se réchauf-
fait et se colorait tout à coup. Sa phrase respirait
l'indignation de son âme.

Sans parler de ses travaux littéraires assez nom-
breux, il laisse un grand ouvrage historique en six
volumes : l'*Histoire des évêchés de Bretagne*.
Quand il écrit, il tient sous le joug son imagination,
pour ne laisser parler que la raison et la justice.
Jamais il n'affirme, sans appuyer son affirmation
sur un texte autorisé. On a dit de ce livre : *C'est
une œuvre de bénédictin;* rien n'est plus vrai.

Il achevait les deux derniers volumes dans sa
dernière maladie, qui lui laissait la plénitude de ses
facultés, et c'est d'une main mourante qu'il les a
signés. La mort semblait s'arrêter pour lui laisser

achever cette belle œuvre, fruit de tant de savants
labeurs, ce travail qui pendant tant d'années lui
a fait devancer le jour et prolonger ses veilles
assez loin dans la nuit. C'était non-seulement le
talent, non-seulement le patriotisme, c'était la foi,
c'était le dévouement qui guidait sa plume, — et
il faut notre indifférence à l'égard de tout ce qui
touche à l'histoire de notre pays pour que cette
œuvre ne soit pas à la place d'honneur dans toutes
nos bibliothèques.

C'est à lui qu'on doit la création et le maintien
de la Société d'émulation.

Il comprenait l'importance d'un foyer intellec-
tuel et moral pour contrebalancer les tendances
aux préoccupations matérielles, pour favoriser les
activités si précieuses de l'intelligence, pour don-
ner un point de réunion à tous les esprits élevés,
une chaire à toutes les idées utiles. Sa constance à
poursuivre ce but, à travers les obstacles, ne sera
pas un de ses moindres mérites.

Peu de choses utiles ont été réalisées à Saint-
Brieuc depuis trente ans, sans que son nom s'y
trouvât mêlé. Président de la fabrique de Saint-

Michel, c'est à son initiative et à celle de son excel-
lent ami M. Perrio, disparu aussi aujourd'hui,
qu'on doit la décoration élégante de cette église.

Un jour, il se présenta à la députation. Si quelqu'un était fait pour représenter son pays, c'était
lui, cet homme de haute valeur, cet ardent ami de
sa terre natale, cette âme dont toutes les fibres
étaient bretonnes, ce caractère indépendant, ce noble esprit qui, en politique, se tenait au-dessus des
partis, parce que tous les partis doivent s'incliner
devant la France et se dévouer à elle. Ses défauts
même, — car il avait les défauts de ses qualités,
trop d'ardeur quelquefois, l'impatience du bien, —
ses défauts eussent été utiles à un pays qui se laisse
trop facilement oublier. — Il échoua, à une forte
minorité, et après la première émotion, il se hâta
de pardonner et d'oublier cette erreur de l'opinion.
Il savait qu'à certains moments un souffle de pas-
sion entraîne les meilleurs esprits, et les pousse,
malgré eux, à des actes que le lendemain regrette,
sans pouvoir les réparer. Sa supériorité même
tourna contre lui, et il devait éprouver la vérité de
cet axiome si douloureux pour la nature humaine :

Personne ne s'élève impunément au-dessus des autres; nemini datum est impunè excellere.

Mais quel était le principe supérieur auquel sa vie entière obéissait? Vous le savez tous, c'était une foi chrétienne complète, une foi qui s'affirmait énergique dans sa parole, dans ses écrits, comme dans ses actes.

Pour bien juger les hommes, il faut les voir souffrir et mourir, a-t-on dit avec raison. Que de fois nous l'avons vu dans ses affreuses souffrances, sur le point de ressentir quelques-unes de ces vives impatiences, qui étaient le seul défaut de sa généreuse nature ! *Quand viendra la fin?* disait-il. Puis la pensée de Dieu se levait devant lui ; son regard cherchait le crucifix bénit par le Saint-Père, que nous lui avions apporté de Rome, et la résignation courageuse amenait le sourire sur ses lèvres.

Un jour assez éloigné encore de sa mort, il devait recevoir le saint Viatique, cette nourriture céleste de l'âme qui combat et qui souffre. Il se prépara à lui-même, ou plutôt à Dieu, une fête émouvante. Sa chambre se couvrit de fleurs; il se fit mettre au cou la croix de Commandeur de Saint-

Grégoire-le-Grand dont Pie IX l'avait honoré; il voulut que sa fille aînée, s'accompagnant sur l'harmonium, chantât le beau cantique : *Venez, mon Dieu; venez, mon doux Sauveur!* Tous étaient profondément émus; les larmes coulaient d'elles-mêmes, en face de cette scène navrante et sublime, — et lui, rassemblant toutes les forces de son âme, recevait Jésus-Christ avec cette foi qui transformait sa noble figure.

Il rappelait bien alors ce chevalier des croisades, expirant sur le champ de bataille, et disant : *Tournez-moi la face vers le ciel pour que je meure en le voyant!*

Chaque fois que nous allions le visiter, nous en revenions avec une tristesse et une admiration nouvelles. Nous songions à la parole d'un Sage : *Un spectacle digne du regard de Dieu, c'est le juste aux prises avec la douleur.*

. . . .

A quoi bon prolonger ces tristes paroles?

Il est mort en vrai chrétien, acceptant avec soumission le coup fatal, baisant l'image du Consolateur divin,

On le croyait endormi ; c'était le sommeil de l'éternité.

Non, c'était le réveil ! C'était la fin de la souffrance, le commencement de l'éternelle joie ! Il entrait dans la région de la lumière sans fin, *lucis perpetuæ*, à laquelle toute son âme avait aspiré si ardemment pendant la vie. Il avait conquis la paix, la paix immense, infinie, la paix qui essuie toutes les larmes, qui paie tous les efforts, dédommage de tous les sacrifices, récompense toutes les vertus, et du ciel il veillera sur sa chère famille qui aura toujours la meilleure part humaine de son cœur ; car la mort ne sépare pas les âmes unies en Dieu ; notre œil visible seul ne les aperçoit plus ; le regard invisible sait les trouver où ils sont, et la foi nous crie que nous les reverrons dans le sein de la miséricorde infinie. *Ne pleurez pas trop amèrement sur vos morts*, dit la sainte Écriture, *car ils se reposent enfin*, après les orages et les luttes de la vie. *Modicum plora super mortuum, quoniam requiecit !*

Et nous, nos très-chers frères, puissions-nous, aux heures suprêmes de notre vie, trouver Dieu

près de nous, comme l'a trouvé M. Geslin de Bourgogne ! Nos années s'en vont avec une effrayante
rapidité ; le soir approche ; bientôt arrivera la nuit,
venix nox, qui ferme tout à coup la scène de ce
monde.

Sachons nous détacher des choses périssables,
vaincre nos passions, conquérir, au prix du sacrifice, la félicité véritable. Cette félicité, je l'espère, je
la souhaite à celui que nous pleurons ; je la souhaite
à chacun de vous qui l'avez connu et apprécié ; je me
la souhaite à moi-même qui perds en lui un ami
véritable, cette chose si rare , à moi, plus avancé
que lui dans la vie ; et de toutes les forces de ma foi
et de mon espérance, je jette sur ce cercueil ce der-
nier adieu : *O Seigneur, donnez-lui l'éternel re-*
pos! Dona ei requiem sempiternam!

Église de Saint-Michel, 14 octobre 1877.

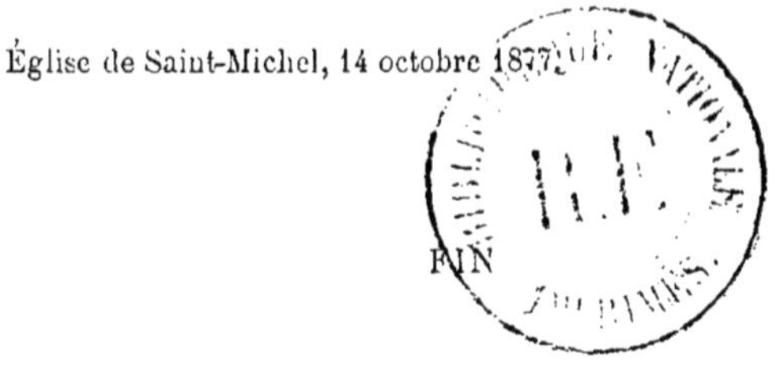

FIN

LYON. — IMPRIMERIE PITRAT AINÉ, RUE GENTIL, 4

www.ingramcontent.com/pod-product-compliance
Ingram Content Group UK Ltd.
Pitfield, Milton Keynes, MK11 3LW, UK
UKHW020013130726
13694UKWH00005B/2265